CÓMO
NO RENDIRSE

UNA GUÍA DE MOTIVACIÓN E
INSPIRACIÓN PARA ESTABLECER
METAS Y ALCANZAR SUEÑOS

DE LA
Inspiradores
SERIE DE LIBROS
— R.L. ADAMS —

R.L. Adams

R.L. ADAMS

De La

Serie de Libros Inspiradores

por

R.L. Adams

- **Progrese** - *Viva una Vida Inspirada; Supere sus Obstáculos y Logre sus Sueños.*

- **Tenga un Poco de Esperanza** - *Guía de Inspiración para Descubrir lo que es la Esperanza y Cómo Tener Más de ella en su Vida.*

- **Cómo No Rendirse** - *Guía de Motivación e Inspiración de Establecer Metas y Alcanzar sus Sueños.*

- **Cómo ser Feliz** - *Guía de Inspiración para Descubrir lo que es la Felicidad y Cómo tener Más de ella en su Vida.*

- **Mueva Montañas** - *Cómo Lograr Cualquier Cosa en su Vida con el Poder del Pensamiento Positivo.*

- **El Mercader de Seda** – *Palabras de Sabiduría Antiguas para Ayudarle a Vivir una Vida Mejor Hoy.*

- **El Método Millonario** - *Cómo salir de Deudas y Ganar la Libertad Financiera al Entender la Psicología de la Mente Millonaria.*

Esta Página ha Sido Intencionalmente Dejada en Blanco

CÓMO NO RENDIRSE

Todos los Derechos Reservados

Aviso Legal

v

Esta Página ha Sido Intencionalmente Dejada en Blanco

TABLA DE CONTENIDOS

INTRODUCCIÓN

"En la vida usted necesita inspiración o desesperación." - Anthony
Robbins

"Me rindo."

Yo me he rendido en la vida. He pronunciado esas dos
simples palabras más veces de las que me gustaría admitir.
Nunca quise rendirme, pero lo hice de todos modos. Me di
por vencido en un montón de cosas. Me di por vencido en
el matrimonio. Me di por vencido en los negocios. Me di
por vencido con amigos. Pero lo peor de todo, me di por
vencido con la familia. Simplemente me rendí.

La sensación de rendirme ha sido siempre un tanto
mixta para mí, sobre todo cuando renuncié a metas que
antes fueron tan importantes. Mirando hacia atrás, esas son
las que me dan deseos de dar vuelta atrás las manecillas del
reloj y no rendirme. Esas son las que realmente
significaron algo para mí.

CÓMO NO RENDIRSE

Es fácil rendirse o darse por vencido, sobre todo cuando las cosas se ponen difíciles. Pero, ¿no es eso lo que suele ocurrir cuando las probabilidades están aparentemente en contra de usted? Las personas se dan por vencidas, ¿no es así? Sin embargo, ¿qué distingue a una persona que persevera en los momentos difíciles, que se estimula para alcanzar sus metas y no darse por vencido, de la persona que fácilmente se tambalea y se rinde ante el menor signo de resistencia?

Sé que en mi vida las cosas no siempre llegaron fáciles pero, ahora mirando hacia atrás, sé que podría haber trabajado más duro, haber hecho más, dicho más y, en ocasiones, haber aprendido más. Pude haberme puesto en pie nuevamente. En cambio, mi voluntad era débil. Me di por vencido. Me levanté, tiré la toalla y ya había terminado. No iba a hacerlo nunca más, yo no iba a perseguir ese sueño. No podía seguir sufriendo los fracasos por más tiempo. Se había acabado. Yo había terminado. Finite. Pronuncié palabras como: "Bye", "Nunca más", "Hasta aquí", "Renuncio", "Basta", "He terminado" y, por supuesto, "Me rindo".

En ocasiones mi resignación fue silenciosa, en otras ocasiones fue mucho más verbal. Pero ninguna de las veces realmente me sentí bien de haberme dado por vencido. Nunca me sentí entero, completo o satisfecho. En cambio, me sentí como si hubiera fracasado. Sentí que me había defraudado a mí y a todos los demás a mí alrededor que habían creído en mí. No fue una buena sensación... nunca lo fue.

Por supuesto, darse por vencido no se siente bien, por lo menos, renunciar a algo que vale la pena. Yo no podría clasificar como algo malo el renunciar a algo que sea perjudicial para usted, como por ejemplo fumar o comer demasiada azúcar. Pero la verdad es que en ocasiones no podemos resistirnos al castigo, como cuando nos negamos

9

a terminar relaciones que son claramente tóxicas y seguimos acercándonos a ellas.

Tenemos la tendencia a ser atraídos hacia las cosas que nos son cómodas, porque es lo que conocemos – esas son el tipo de cosas a las que a veces tenemos que renunciar. Yo no estoy hablando de ese tipo de cosas. De lo que les hablo es del hecho de que, renunciar o darse por vencido no se siente bien cuando se trata de una esperanza o un sueño que usted ha perseguido sin descanso durante mucho tiempo. Algo en lo que en algún momento de su vida usted vertió su corazón y alma y que significaba algo, algo sagrado.

Después de un periodo violento de renuncias en mi vida, un día algo que me pasó. No estoy seguro de si usted diría que toqué el fondo emocional o que tuve alguna revelación interna, pero fuese lo que fuese, fue algo fuerte. De hecho, fue discordante. Este "despertar" me permitió darme cuentan con gran precisión, justo de lo que había estado haciendo mal y justo de lo que me iba a tomar hacer las cosas bien.

Hoy en día ni siquiera podría imaginarme pronunciando esas dos palabras porque algo cambió dentro de mí. Lo que pasó fue algo profundo y verdaderamente alteró mi vida. Cuando sucedió, lo sentí. Yo sabía que había ocurrido. Era como si toda mi psiquis se hubiera alterado. En lo que pareció un instante, toda mi forma de pensar había cambiado. Pero no fue un instante, fueron una serie de acontecimientos que culminaron en ese mismo momento y, fue en ese mismo momento en que todo cambió. Empecé a no rendirme.

Esta es una historia sobre no darse por vencido, de no rendirse aun cuando los tiempos sean difíciles. Es una historia acerca de nuestros viajes personales para alcanzar las estrellas, aunque sintamos que no podemos levantar nuestras manos más arriba. Esta es la historia de cómo cavar más profundo y encontrar la fuerza enterrada y escondida, aun cuando toda esperanza parezca perdida.

Esta es la historia sobre la búsqueda de ese último hilo de inspiración que nos ayude a perseverar y lograr nuestras metas.

Esta es la historia de cómo no rendirse.

1
EL SIGNIFICADO DE LAS METAS

"Lo que obtiene al lograr sus metas no es tan importante como en lo que usted se convierte al lograr sus metas." - *Henry David Thoreau*

"¡Me rindo!" Grité impávidamente. Yo no iba a tocar el piano de nuevo. Estaba comprometido. Se acabó, ni una vez más, me dije. Miré al gran monstruo negro con una furia que ardía más caliente que un incendio masivo subterráneo, a la vez que tiraba hacia abajo la cubierta de las teclas del piano y con ello truncaba los sueños de mi padre.

"¡No puedes darte por vencido!" Me gritó mi padre en respuesta, volviendo la cabeza para ver a su hijo mayor apretando los puños en un ataque de rabia mientras salía de la habitación.

"¡Claro que puedo! ¡Puedo hacer lo que quiera!" Salí

disparado, gritando las palabras una y otra vez hasta que ya no podía ser escuchado, pisoteando las escaleras de forma fuerte, como si estuviera tratando de hacer agujeros en los escalones de madera. Cerré la puerta detrás de mí con fuerza. Yo tenía 12 años.

Recuerdo aquel día como si hubiera sido ayer. Mi padre tenía unas grandes esperanzas y sueños de que yo llegara a ser un concertista de piano. Estaba empeñado en ello. Ya había ocurrido en su mente porque él se lo había imaginado de forma bien fuerte. El impuso esas metas en mí. No eran mis metas, eran las suyas, y no importaba lo que hiciera o cuánto lo intentara, no podía obligarme a creer que esas metas eran mías.

En mi corazón no existía un deseo ardiente, ni para mí existía una razón fuerte por la cual tocar el piano. Yo no me sentía más orgulloso, más fuerte ni más inteligente cuando me sentaba frente a esas teclas. De hecho, me sentía estúpido, perezoso y lento, como que no pudiera lograr tocar la canción correctamente no importara cuántas veces lo intentara. Aunque por él yo había intentado varias veces poner mi corazón en ello, la pasión simplemente no estaba allí.

Para mi padre, tocar el piano lo era todo y, en su mente, el significado atribuido a ser un concertista de piano estaba al lado de la Divinidad. No para mí. No era mi meta, ni mi esperanza, ni mi sueño o deseo. Así es que, me rendí.

Para mí no existía ningún sentido o razón lo suficientemente fuerte como para tocar el piano, así es que lo dejé. Me di por vencido. Yo no creía en ello lo suficiente. No me quemaba el corazón como una pasión. No me había comprometido a ello como mi padre. Para mí

13

no tenía ese significado profundamente arraigado que sentía él, simplemente no estaba allí para mí. Ese sentimiento no estaba allí, así es que me rendí, tal y como lo había hecho en muchas otras cosas en mi vida. Quería establecer mis propias metas y determinar el camino de mi propia vida. Yo quería hacer un impacto en el mundo y hacer una diferencia. Yo quería ser alguien importante. Yo quería ser un médico, un abogado o un rico hombre de negocios, porque para mí eso significaba algo. Ser un pianista no.

Luego de algún tiempo, me puse a recordar esto y me di cuenta de que en la vida, si usted no puede dar una razón o un sentido profundamente arraigado a sus propias metas, siempre se dará por vencido, tal y como yo lo hice con el piano. Es posible que usted haya renunciado a algunas cosas simples en la vida, así como tocar el piano o aprender un nuevo idioma. Tal vez usted renunció a cosas más importantes, como un matrimonio o una profesión.

Sea lo que sea a lo que usted haya renunciado, cuando lo hizo, ese algo ya no tenía significado para usted. Quizás en algún momento del pasado usted le atribuyó algún sentido, quizás incluso todavía puede tener cierto significado en algún lugar oculto, enterrado profundamente dentro de usted, pero desapareció en el momento en que renunció a ello. Porque, cuando algo realmente tiene significado y para usted tiene suficiente valor, usted sabe por qué tiene que tener o conseguir ese algo. Entonces usted encontrará una manera de hacerlo, usted verá cómo no se dará por vencido, usted será perseverante.

Entonces, ¿cómo hacer para dar a sus metas un sentido o razón suficientemente fuerte como para no renunciar a ellas? ¿Cómo es que puede tomar algo que una vez no significaba nada para usted, y atribuirle y darle un

14

significado tan grande que le ayude a a ver su camino a través de él? Quizás eso que persigue tiene valor y significado para usted, pero simplemente está enterrado detrás o debajo de otras cosas que tienen más valor y significado. O quizás eso es lo que usted piensa.

Si yo no hubiera sido sólo un niño y el piano hubiera sido una profesión para mí, hubiera significado más para mí seguir tocando el piano. Si a tocar el piano yo le hubiera adjudicado mi supervivencia financiera y la de mi familia, el valor de tocar piano profesionalmente hubiera aumentado enormemente en mi mente y nunca hubiera renunciado a ello. Pero en aquel entonces no significa mucho para mí porque yo era sólo un niño. ¿Cómo puede algo significar mucho para un niño de 12 años de edad, cuya única preocupación es hacer la tarea, ir a la escuela, comer, dormir y pasar tiempo con sus amigos?

Sin embargo, como adulto, usted puede encontrar un significado profundo para sus objetivos y atribuirle a la consecución de su objetivo aspectos importantes para su futuro éxito, felicidad y realización personal, si tan sólo se permite seguir reflexionando sobre su significado real. Simplemente consiste en pasar algún tiempo con usted mismo y hacer un ejercicio de lluvia de ideas, para darse cuenta de lo que algo significa para usted. Es tan simple como eso. Sin embargo, muchas veces —más sí que no— nosotros no hacemos eso, ¿verdad? No tomamos el tiempo necesario para analizar y darnos cuenta de ciertos aspectos de nuestra vida y las cosas que son importantes para ella. Dejamos que las cosas se vayan.

A veces dejamos que nuestras finanzas se vayan, otras veces dejamos que nuestras vidas amorosas se vayan y, aún otras veces, dejamos ir nuestra salud. La lista puede seguir y seguir. Pero, si usted pasa suficiente tiempo con usted, por sí mismo, analizándose a sí mismo y lo que le motiva, podrá atribuirle significado a casi cualquier cosa

15

importante en la vida y trabajar con ello. No es tan simple como eso, pero ciertamente comienza ahí. El significado es la base del éxito, es la base para no darse por vencido. Cada vez que intente acercarse a medias a una meta, sin duda fallará. Vamos, usted sabe exactamente lo que quiero decirle, ¿no? Piense en los momentos en que algo simplemente no le importó demasiado. Usted sabía que *debía* hacerlo, pero no pensaba que *tenía* que hacerlo. Tiene que ser una *necesidad* para usted, algo que *tiene* que hacer, de lo contrario va a terminar dándose por vencido pues no le importa tanto. Si le importara, sería una *necesidad*.

Usted puede estar sentado allí pensando: "Claro, en el pasado me he fijado metas que tenía muchas ganas de lograr, pero no pude hacerlo." A pesar de que usted pensaba que era una necesidad para usted, aun así fracasó, ¿qué pasó? Bueno, no era una necesidad para usted, si lo hubiera sido, lo hubiera logrado. Cuando algo se convierte en una necesidad, todos los obstáculos que se interponen en su camino caen, como los pilares de un edificio que se derrumbó.

Cuando vea un obstáculo o una resistencia a su meta, al instante, será mucho más difícil para usted que mentalmente pueda visualizar que la está logrando. En realidad no se vuelve más difícil, es usted quien piensa que es así, por lo que eso es lo que manifiesta en su mente. Es mucho más difícil de superar algo que, para el ojo de su mente, se ve como algo mucho más difícil de lo que es. Esto se debe a que la mente es una cosa muy poderosa y, no importa lo que le atribuyamos, es lo que pasará.

Hay que darle sentido a las cosas, con el fin de superar cualquier barrera mental que pueda existir. Tiene que haber una voluntad suficientemente fuerte para superar los fracasos y reveses que potencialmente puedan surgir mientras se esfuerza por lograr sus objetivos. ¿Se imagina si Thomas Edison se hubiera dado por vencido luego de 9,000 intentos para inventar la bombilla?

¿Qué hubiera pasado si Martin Luther King Jr. hubiera renunciado a su lucha por los derechos civiles en Estados Unidos? ¿Cómo cree que serían las cosas ahora? ¿Qué hubiera pasado si Abraham Lincoln no hubiera luchado por los esclavos? ¿O si Gandhi no hubiera protestado en silencio por una India independiente? ¿Si los nazis se hubieran hecho cargo de Europa y ganado la Segunda Guerra Mundial? ¿Y qué si los hermanos Wright no se hubieran mantenido firmes y no hubieran inventado el vuelo? ¿Qué pasaría si hubiéramos dejado de intentar llevar un hombre a la luna?

¿Qué hubiera pasado si todas esas personas se hubieran rendido?

¿Se da cuenta? Sin uno no da un sentido o razón suficientemente fuerte a sus metas, usted no será capaz de romper estas barreras. Usted no será capaz de superar los obstáculos, aplastar las dudas y abrirse camino a través de los fracasos. Usted se dará por vencido ante la menor señal de resistencia.

EL SIGNIFICADO DE LAS METAS

Todos y cada uno de nosotros nos ponemos metas en la vida. Algunos lo hacemos en la mente silenciosamente, mientras que otros toman un lápiz y papel o cualquier otro formato digital. Algunos de nosotros por ahí nos creamos metas grandiosas que involucran fama y fortuna, mientras otros tienen metas mucho más discretas, como dar un paseo por la playa, a la luz de la luna, junto a la persona amada.

En el pasado, siempre fui una persona que habitualmente me imponía metas. Establecía metas y luego hacía lo necesario para alcanzar esos objetivos. Tuve la oportunidad de atribuirle significados bastante fuerte a esas metas y encontrar razones fundamentales por las que *tenía que hacerlo*. Las convertía en una necesidad. Fui el típico estudiante destacado o persona sobresaliente por un tiempo. Me esforzaba y me animé a lo largo de mi camino para lograr todo lo que me proponía en el corazón.

Entonces en algún momento, en algún lugar en el camino, me perdí, me quedé atrapado. Dejé de darle significado a mis objetivos y, con el tiempo, dejé de establecer metas por completo y comencé a vivir mi vida como si nada realmente importara. Era un espiral descendente y oscuro que, en el momento, no parecía tener fondo (o eso creía yo), pero eventualmente lo encontré y caí de bruces.

Si usted es como yo, entonces usted se ha fijado algunas metas en el pasado pero no ha sido capaz de lograr las más importantes, no ha podido alcanzar esas grandes aspiraciones y esperanzas que tenía para su vida. Algo le ha estado aguantando. Tal vez fue que se frustró en el camino, como lo hice yo. Tal vez sus prioridades cambiaron. O, tal vez, un día usted levantó las manos al aire en señal de resignación silenciosa. Sé que yo lo hice.

Sea lo que sea que le impidió lograr sus objetivos, simplemente sucedió, y es algo que nos ha pasado a todos. Pero, probablemente esos objetivos todavía están sentados en algún lugar, en una libreta, en su computadora portátil o, incluso, hasta en un trozo de papel arrugado en algún cajón en su casa.

¿Qué pasó con esas metas que antes fueron tan anheladas? ¿Se ahogaron en las olas del curso de la vida? Está bien, nos ha pasado a todos. En mi caso, yo las dejé ir. Esas metas zarparon en un barco, en un mar turbulento, para nunca ser vistas otra vez. El estrés y la presión de la vida me alcanzaron y me quebré. Eso fue todo… y después de ese día me convertí en un experto en rendirme. De hecho, yo estaba empeñado en que nunca volvería a trazarme una meta por el resto de mi vida. Me alegro de que eso haya cambiado.

Para establecer una meta y realmente lograrla en la vida, esos objetivos deben tener un significado suficientemente fuerte para nosotros. Las metas escritas en ese pedazo de papel arrugado en el cajón, no tenían un significado suficientemente fuerte como para lograrlas. Ello se debe a que usted no les atribuyó un sentido suficientemente fuerte al por qué había que alcanzarlas. Sin esto, ninguna meta será totalmente alcanzable, pues nuestro mecanismo interno no hace nada para empujarnos a luchar por algo en lo que no creemos con todo el corazón.

Antes de entender por qué quiere lograr algo con tanto deseo, tiene que apreciar el significado o sentido de los objetivos en sí. ¿Qué significa para usted fijar una meta? ¿Es algo arbitrario que hace en su mente o, realmente saca el bolígrafo y el papel o abre su libreta de notas en su computadora portátil?

El significado literal de una meta es, un resultado final, observable y medible, con objetivos que deben alcanzarse en un plazo determinado. Sin embargo, el verdadero significado de una meta es mucho más profundo que esto. Una meta simboliza el compromiso con algo importante en su vida, algo en lo que realmente usted cree.

La mayoría de las personas se limitan a fijar objetivos un solo día del año. Sí, adivinaste bien, en la víspera de Año Nuevo. Tienen el llamado "Síndrome de Año Nuevo", que ocurre una vez y luego queda casi totalmente olvidado en la confusión de los días, semanas y meses siguientes. Estoy seguro de que ha tenido experiencia con esto; sé que yo sí.

Yo he establecido metas en la víspera de Año Nuevo con las que pensé que estaba comprometido, pero realmente no era así. De hecho, las veces que fallé en cumplir las metas de año nuevo fue cuando no las tomé en serio. Eran los tiempos en que yo no sacaba un lápiz y papel para escribirlas y no hacía la conexión necesaria para atribuirle significado a la consecución de esos objetivos.

Sin embargo, usted no está solo en este dilema de fijación de metas que ocurre una vez al año. He aquí algunas estadísticas acerca de las metas que se establecen por el Síndrome de Año Nuevo:

* El 25% se rinde después de sólo una semana de haber establecido la meta.

* El 80% se rinde después de 20 días de haber establecido la meta.

* Sólo el 8% se mantiene firme y realmente logra el objetivo.

Esos números son bastante sorprendentes. Así es que, ¿qué hace diferente a ese 8% que realmente logra alcanzar su meta? ¿Cómo hace ese 8% para cavar en sus talones y salir adelante incluso cuando se enfrentan a la tentación de rendirse? ¿Cómo hacen para no sucumbir a la tentación cuando aquel pastel de chocolate está allí solito, sin nadie más alrededor? ¿Cómo hacen para realmente seguir adelante y no darse por vencidos?

Esas personas que logran sus metas de Año Nuevo no son diferentes a las personas que se fijan metas a diario, semanal o mensualmente; aquellos que las alcanzan y no sólo una vez al año. No importa cuando establezca su objetivo o de lo que se trate, ese objetivo tiene que significar algo para usted, la meta tiene que ser importante. Si usted establece una meta sólo porque es socialmente aceptable fijarse cierta meta en específico, usted fracasará. La meta u objetivo tiene que ser vital para usted.

Usted podría pensar que usted se ha fijado metas en el

21

pasado que son importantes para usted y que aun así se ha dado por vencido. Pero, ¿realmente lo ha considerado? ¿Tomó las medidas adecuadas y necesarias para establecer metas exitosamente? ¿Alguna vez ha participado en un taller sobre fijación de metas y ha aprendido a establecer metas correctamente?

Si en ocasiones se siente perdido y abrumado, no hay problema, todos lo hacemos. Al final, si lo que busca es no renunciar a algo, entonces eso a lo que no quiere renunciar tiene que significar algo para usted. Más allá del significado literal de lo que es una meta, tiene que tener un sentido más profundo y de mayor impacto dentro de su corazón y su alma; tiene que creer en ello.

Sin la confianza puesta en la meta y la capacidad para lograrlo, la probabilidad de fracaso aumenta. De hecho, usted podría pensar que una meta es más significativa para usted de lo que realmente lo es pero, si usted no saca el tiempo para encontrar su significado específico y atarlo a una razón lo suficientemente fuerte para lograr su objetivo, lo más probable es que levante las manos nuevamente y diga: "me rindo".

2

ENCONTRANDO UNA RAZÓN LO SUFICIENTEMENTE FUERTE

"Las metas son el combustible en el horno del éxito." - Brian Tracy

Tengo un amigo que se llama Jake. Él y yo nos conocemos desde nuestros días de infancia. Jake siempre estuvo un poco sobrepeso y en la escuela primaria se burlaban de él, por lo que desarrolló un complejo con relación a su peso y sus hábitos alimenticios. Con el tiempo, Jake aumentó tanto de peso que nunca quería comer frente a otras personas por temor a que lo fueran a juzgar. Cada vez que él y yo salíamos a comer, yo sentía como que él siempre me estaba velando para ver si yo estaba prestando alguna atención particular a la cantidad de comida que él consumía. Por supuesto, no era así.

Luego, hace unos años, Jake entró en una fase totalmente saludable. Sacó todos los carbohidratos y las grasas malas de su dieta, aumentó el consumo de proteínas y comenzó a ir al gimnasio. Fueron los cuatro meses antes del verano y Jake fue capaz de bajar un poco más de 65 libras de peso. Al igual que Jake, yo estaba impresionado. Quería saber cómo lo había logrado.

Una noche me encontré con Jake y algunos otros amigos para salir y recuerdo haber tenido una conversación con él acerca de su pérdida de peso. Antes de esa noche, siempre me había sentido temeroso de hablar sobre el tema del peso a su alrededor, pues cada vez que se iba a tocar ese tema, lo sentía temblar, prácticamente congelarse con la sola mención de la palabra.

Sin embargo, esa noche fue diferente, porque me di cuenta de que había algo diferente en él. Parecía como si estuviera en una fase emocional alta. Él estaba vibrando de positividad, yo nunca lo había visto así. Fue realmente impresionante ver a mi amigo de la infancia, quien una vez fue tímido y con sobrepeso, virtualmente transformado frente a mis ojos.

Quería saber lo que había pasado. Qué había pasado que fuera tan diferente para que, de repente, después de 20 años de tratar de bajar de peso, en un plazo de cuatro meses se hubiera convertido en un hombre con una misión. Este Jake ni siquiera parecía la misma persona. Caminaba diferente, hablaba diferente, incluso parecía como si sus gestos fueran diferentes.

Yo quería saber qué estaba pasando así es que, simplemente, me armé de valor y le pregunté. Yo estaba esperando a alguien que, nuevamente, se encogiera ante la sola mención de peso, pero esta vez fue diferente. Fue una respuesta diferente, de parte de una persona completamente diferente. Fue interesante para mí, por decir algo, ver esta transformación. Una transformación que, apenas recientemente, experimenté en mí mismo.

Sé que en mi caso la transformación no sucedió de la noche a la mañana. Pasar de ser alguien que parecía no poder mantenerse firme y constante, a llegar a ser tan sólido como una roca. Un cambio tan drástico como este ocurrió con el tiempo. Muchos y distintos escenarios jugaron un papel en lograr el balance en mi vida, que me llevaron a ese cambio final en mi interior. Pero fue el dolor de golpearme en ese fondo emocional lo que me sacudió y me separó de la manera enfermiza en que me conducía. Sentí como si hubiera despertado a una nueva persona, pero esto no sucedió durante la noche.

Entonces, ¿qué pasó con Jake?

Lo que Jake me explicó fue algo que yo creo que mucha gente experimenta. En la vida, hacemos mucho más para evitar el dolor de lo que hacemos para obtener placer. Esto es algo que se conoce como el principio del placer, popularizado originalmente por Freud, pero difundido por personas de la talla de Anthony Robbins y muchos otros gurús del éxito. Jake estaba simplemente haciendo más para evitar el dolor, que lo que hacía para obtener placer.

Justo antes de tomar la decisión de vivir más saludablemente, Jake había ido al médico. Ese día se había desmayado en el trabajo y le estaban dando dolores de pecho, por lo que, naturalmente, fue al médico para ver lo que estaba pasando. La noticia que recibió fue la peor noticia que podría haber esperado. El peso de Jake estaba causando que su corazón trabajara horas extras y, debido a una enfermedad cardíaca genética, su corazón no podía soportar la tensión que el peso extra le imponía. El médico le dijo a Jake que, si continuaba aumentando de peso y no hacía algo al respecto, potencialmente podría morir dentro de un año.

Al principio me molestó un poco que Jake no me

hubiera dicho antes lo que estaba pasando pero, por otra parte, él siempre fue una persona muy privada. Bueno, luego de asimilar en mi mente todo lo que me había dicho, creo que estaba un poco impresionado con lo que él había logrado hacer. A pesar del hecho de que Jake estaba haciendo más para evitar el dolor, de lo que hacía para ganar placer, perder todo ese peso en tan corto tiempo en sí era una hazaña. Así es que, por supuesto, simplemente tenía que saber todos los procesos por los que su pensamiento tuvo que pasar para llegar a ese estado de ánimo.

"Es fácil", Jake me explicó, "simplemente algo pasó, sucedió de repente, en mi interior. Es como si todo lo que una vez supe o alguna vez sentí sobre la comida, cambió en ese instante. Supongo que, de repente, tuve una razón por la cual tenía que bajar de peso, en lugar de solamente querer bajar de peso. Esta vez realmente significó mucho para mí."

Supongo que lo se reflejaba en mi mirada y mi cara era completo desconcierto, porque pude leer su respuesta a mis reacciones faciales y mis gestos. Era algo casi idéntico a lo que había sentido en otras áreas de mi vida.

Jake continuó: "Pero, a pesar de que sentí como si todo hubiera ocurrido de la noche a la mañana, todo me llevó hasta ese punto. La visita al médico fue la gota que colmó la copa. Cada señal social que había recibido antes de ese momento, todo lo que sabía y sentía muy dentro de mí en cuanto a la comida, y mi apego emocional a la comida, todo estaba allí en mi interior. Yo sabía qué hacer, simplemente nunca tuve éxito en hacerlo. Pensé que ya lo había intentado en el pasado pero, cuando vi lo que hice en esta ocasión para perder peso, mis esfuerzos en el pasado fueron insignificantes en comparación. Esta vez estaba comprometido. Sentí como un rayo láser haciendo un agujero a través del viejo yo."

Me quedé impresionado, por decir algo; porque en la vida mucha gente establece metas, pero pocos las alcanzan. ¿Por qué es esto? Bueno, sólo piense por un minuto en el paradigma del dolor frente al placer. En el pasado, ¿no ha hecho usted más por evitar el dolor que por obtener placer?

En la escuela, nos quemamos las pestañas la noche antes de una prueba. ¿Por qué? Hacemos más por evitar el dolor de reprobar la prueba, que lo que hacemos por posponer estar en el sofá, frente a la televisión, por sólo una noche más. Esto es algo que hacemos en muchos ámbitos de nuestra vida, como con los impuestos. Sabemos que tenemos que preparar nuestra declaración de impuestos, pero la mayoría de nosotros espera hasta el último minuto. En ese momento, el balance entre el dolor versus el placer se transfiere del placer de no tener que lidiar con eso, al dolor de tener que sufrir las consecuencias de no presentar los impuestos a tiempo.

Todo el mundo ha estado en estas mismas situaciones, si no similares, en las que el dolor de no hacer algo empieza a superar con creces el placer de hacer algo. Le pasa a todo el mundo sin excepción. Todos hemos participado en ello. Pero, ¿cómo hace usted para evitar convertirse en una víctima del paradigma del dolor versus el placer? ¿Cómo establecemos metas por las que realmente nos esforcemos lograr, en lugar de permitir que se desvanezcan o se marchiten en un trozo de papel arrugado en alguna parte?

Usted tiene que atribuirle un motivo lo suficientemente fuerte para hacerlo, así es como se logra. Cuando la gente tiene un motivo lo suficientemente fuerte por el que quiere lograr algo, ello les estimula como nunca antes. Para mi amigo Jake, su razón o motivo suficientemente fuerte para lograr su meta fue la posibilidad de morir si no tomaba acción para restaurar su salud y el bienestar de su cuerpo perdiendo peso.

Sin embargo, no hace falta enfrentarse a la posibilidad de la muerte para no renunciar a las metas en la vida. Si usted es capaz de encontrar una razón lo suficientemente fuerte por la cual debe hacer algo y eso es lo suficientemente potente como para revertir el paradigma del placer versus del dolor, alcanzar sus objetivos será mucho más fluido y automático. Usted no se dará por vencido.

Este es uno de los requisitos principales para establecer metas con éxito y, si usted no posee el hábito de encontrar razones suficientemente fuertes por las que desea lograr algo, ésta puede ser la razón por la que se ha dado por vencido en el pasado.

Si realmente tiene el deseo de su corazón puesto en algo, agregue una razón lo suficientemente fuerte por la cual hacerlo. Pase el tiempo examinando por qué *necesita* lograr algo, en lugar de por qué *quiere* lograr algo. Si usted hace de ello algo imprescindible, en lugar de quizás, y le agrega una motivación suficientemente fuerte, sus posibilidades de éxito se dispararán. Si usted nunca ha hecho esto antes, se sorprenderá de lo mucho que tendrá que pensar profundamente acerca de sus metas personales.

¿Qué realmente significan sus metas para usted? ¿Están llenas de deseo por alcanzar el éxito económico? Si así es, ¿por qué quiere esas cosas? Profundice, pregúntese a sí mismo hasta que ya no pueda cuestionarse más y encuentre las razones verdaderas por las que realmente quiere lograr algo. Aquí les presento algunas motivaciones diferentes que usted puede agregar a sus metas para darles razones suficientemente fuertes para lograrlas:

1. **Por la familia** - Mucha gente sacrificaría casi cualquier cosa por su familia, y haría casi cualquier cosa. Si la familia es importante para usted, agregue una razón específica por la cual su familia es tan importante para el logro de su meta. Esto ayudará a que no se dé por vencido cuando las cosas se pongan difíciles. Para mí la familia es vital, porque sin mi familia no tendría nada; creo que la mayoría de las personas pueden identificarse con eso.

2. **Por la libertad** - Libertad puede significar ser libre de cualquier cosa, pero en lo que mucha gente piensa cuando oyen hablar de libertad es en la libertad económica. Ser capaz de ir a cualquier parte, hacer cualquier cosa y estar con cualquier persona en el mundo que usted elija, es algo que puede estimular a algunas personas, pero no a todas. Para que la libertad sea un aliciente suficiente, se tienen que agregar algunas razones que sean muy poderosas, por las cuales usted desee esa libertad tan fuertemente. Si el dolor de trabajar más duro supera el placer de tener esa libertad, puede ser que se encuentre rindiéndose nuevamente.

3. **Por la fe** - La fe y la religión pueden ser motivaciones muy fuertes por las cuales las personas desean alcanzar ciertas metas en sus vidas. Si usted es un firme creyente en su fe o religión, entonces busque bien adentro de usted para conocer por qué su fe o religión serían tan importante para usted, como para ser la motivación principal para lograr sus objetivos. A

29

veces, la fe y la religión pueden ser lo suficientemente fuertes como para ayudarle a empujarse durante ese último centímetro, en el momento en que está listo para darse por vencido.

4. **Por la supervivencia** - La gente hará casi cualquier cosa para sobrevivir; es algo que está escrito en nuestra estructura genética. Si usted, como Jake, se enfrenta a un escenario de supervivencia, éste podría ser uno de los factores principales que pueden motivarle a no renunciar a las metas que se ha impuesto. La supervivencia puede significar un montón de cosas. No es sólo la supervivencia de uno mismo en términos de su vida, sino también la supervivencia de una causa, de un grupo, una empresa, una pasión, su supervivencia financiera y casi cualquier otra cosa. Vea si la supervivencia de algo, incluyéndose a usted mismo, es algo suficientemente importante para usted, como para impulsarle a lograr sus objetivos.

5. **Por el amor** - El amor es un gran estímulo. Por amor se han librado guerras y gente ha renunciado a su vida en el nombre del amor. Si le gusta algo o alguien, y mantiene esa cosa o persona cercana y querida en su corazón, esto podría ser una de las motivaciones más fuertes para el "por qué" de sus metas. Si se trata de amor por sus hijos, su cónyuge, o cualquier otra cosa, analice profundamente el amor en su vida y vea si crear una razón en nombre del amor le puede impulsar a alcanzar sus sueños y a no rendirse.

No importa cuál sea su "por qué", tiene que ser muy fuerte. Cualquiera de estas cinco categorías le puede motivar e inspirar a perseguir sus sueños y esperanzas sin rendirse, siempre que le atribuya la razón correcta a su objetivo. Sólo tiene que encontrar el que se adapte a su objetivo y situación particular, y tiene que creer en él lo suficiente como para que le estimule a lograr sus objetivos.

Por ejemplo, digamos que usted quiere tener un patrimonio neto de al menos un millón de dólares a la edad de 40, 50, o a la edad que sea. ¿Por qué quiere ese millón de dólares (o euros, libras, o cualquier otra moneda que equivalga a una gran cantidad de dinero ante los ojos de la mayoría de la gente)? Es una pregunta que usted tiene que hacerse. Está claro de que no es simplemente que quiere tener más pedazos de papel con presidentes históricos muertos o realeza sobre ellos. ¿Qué significa ese millón de dólares para usted?

Es posible que desee un millón de dólares para la familia, para atender y sostener a sus seres queridos cuando más lo necesiten. Le podría atribuir una vida de necesidades, por no tener el millón de dólares, y que ello representa ser libre del estrés de la vida y vivir en abundancia. Ese millón de dólares podría significar que su madre, padre, esposa, esposo, o quien sea, no tendrían que luchar y trabajar ni un día más en su vida. Sea lo que sea, usted tiene que crear unos vínculos fuertes sobre el por qué usted tiene ese objetivo, si realmente quiere lograrlo. Usted no sólo quiere el millón de dólares por tenerlo, lo quiere porque le traerá algo.

Puede que desee un millón de dólares para obtener libertad. La libertad que un millón de dólares puede otorgarle no tiene límites. Puede ir donde quiera, hacer lo que quiera y no estar atado a vivir su vida trabajando como un esclavo, en un trabajo de nueve a cinco, que le deja con deseos de tener más que una vida insatisfecha.

Es posible que desee un millón de dólares por la fe; para ser capaz de dar a su iglesia o para ayudar a los necesitados a su alrededor. Usted quizás también desee ese millón de dólares para su supervivencia y seguridad. Como puede ver, la lista puede seguir y seguir, pero cuanto más tiempo usted pueda pasar atribuyendo y asociando sus esperanzas y sueños a una razón lo suficientemente fuerte para realizarlas, lo más probable será que usted logre alcanzarlas en el largo correr.

3

ERRADICANDO CONDUCTAS QUE LIMITAN

"Ganar no lo es todo, pero el deseo de ganar lo es." - Vince Lombardi

Piense por un momento en un período en su vida cuando usted estaba de suerte y nada podía salirle mal. Usted era imparable, estaba completamente "en llamas" y, no importaba lo que hiciera, todo salía bien. No, borre eso, más que bien, todo resultaba perfecto, incluso mejor de lo que usted hubiera alguna vez han esperado.

Piense en ese momento en su vida cuando usted estaba listo para todo y se encontraba en un viaje emocional impulsado por que la mayoría de sus deseos internos eran realizados. Las cosas buenas simplemente parecían suceder todo el tiempo, en todo momento, sin importar lo que hiciera.

¿Recuerda ese momento? Bien. Ahora haga esa imagen

más grande en su mente. Que sea más brillante y póngala a todo color. Imagine que la imagen ahora se proyecta frente a usted en una enorme pantalla blanca. Un campo de hierba y en el fondo un claro cielo azul. Entonces, imagínese sentado allí en ese campo de hierba, a pocos metros de la pantalla gigante y mirando hacia ella, observando las bellas imágenes de su vida que se repiten como una película de Hollywood.

¿Se puede ver ahora? Observe la sonrisa en su cara. Mire cómo sus ojos están brillando. Es precioso. ¿Lo puede recordar? ¿Se acuerda de ese tiempo y cómo la vida le robó el aliento mientras usted inhalaba en la inspiración apasionada del momento?

¿Lo puede ver allí frente a usted, sentado en ese campo, frente a esa pantalla gigante, repasando los momentos hermosos de la vida frente a sus ojos? Fue un momento mágico, ¿no? Nada más parecía importarle en ese momento, ¿verdad? Nada podría haberle distraído de la felicidad que sintió en ese momento, en aquél lugar.

Era como si todo lo malo del mundo se hubiera disipado y hubiera caído en el fondo como fichas de dominó, desvaneciéndose en la nada. Nada de eso ya era importante. Era sólo usted y su felicidad. Eso es todo lo que necesitaba. Era todo lo que alguna vez necesitó, en ese momento en el tiempo.

Traiga de vuelta en el tiempo ese momento y cierre los ojos. ¿Dónde estaba? ¿Qué estaba haciendo? ¿De qué se estaba riendo? ¿Qué estaba pasando por su mente en ese preciso instante? ¿Puede recordar las sensaciones que corrían por su cuerpo? ¿Qué sentía en ese momento? Imagínelo por un momento, visualícelo. Realmente visualícelo y sienta como si estuviera reviviéndolo.

Si ese momento es un recuerdo tan poderoso para

CÓMO NO RENDIRSE

usted como lo es para mí, entonces esta fue una experiencia escalofriante, una memoria casi agridulce que usted guarda con más sentimiento y más cerca de lo que puede pensar. Tal vez usted había olvidado lo que se siente sentirse de esa manera. Yo sé que yo lo olvidé por un tiempo.

Recuerdo ese momento en mi vida, ese tiempo feliz cuando no me sentía tan solo. Pero a veces me olvido de ese tiempo y otros como él, como estoy seguro que nos sucede a todos. Como cualquier persona normal, muchos de nosotros simplemente quedamos atrapados viviendo nuestras vidas, corriendo en el día a día tratando de hacer frente a las situaciones, sintiéndonos totalmente agotados al final del día.

Por alguna razón, como seres humanos, la mayoría de nosotros hacemos esto - parece que nos montamos en la montaña rusa emocional de los buenos y malos momentos. A todos nos gusta disfrutar de los buenos tiempos. Esos son los momentos divertidos en los que estamos en una buena racha y la vida va muy bien, y tenemos amigos que nos rodean, y todo parece ser perfecto. Sin embargo, también todos caemos en los malos momentos; esos tiempos oscuros que usted desearía que no existieran. Para algunos esos malos tiempos son mucho peor que para otros, y es un lugar peligroso para estar cuando uno está solo y sin un amigo cerca.

El problema para la mayoría es que permitimos que los malos tiempos sean los que se proyecten en las pantallas de nuestras vidas, en lugar de los buenos tiempos. Piense de nuevo en ese pequeño ejercicio de verse a sí mismo en esa pantalla y lo feliz que eras. ¿Cómo es que usted no está en ese lugar feliz ahora? ¿Qué ha cambiado desde entonces?

Como humanos, ¿qué nos hace volver a sumergirnos en esos tiempos difíciles cuando las cosas van bien?

¿Cómo permitimos que las cosas se pongan tan mal antes de lograr que se pongan buenas? Yo sé que yo he tenido experiencia personal con esto en la vida, al igual que casi cada uno de nosotros, pero todo es parte de lo que yo llamo comportamientos que limitan. ¿Por qué son limitantes?

Los comportamientos limitantes pueden surgir de muchas situaciones diferentes. A veces tendemos a sentir como si estuviéramos atrapados y realmente no tuviéramos otras opciones, por lo que nos vemos arrastrados hacia ese fondo emocional que se siente como que si no tuviera fin visible. Permitimos que los buenos momentos de la vida se escabullan, sentimos como que no podemos aferrarnos a ellos. Esto le sucede a la gente todo el tiempo y comienzan a desanimarse, como si no tuvieran suerte y es casi como si atrajeran cosas malas a sus vidas.

Entonces, ¿cómo evitar que estos comportamientos limitantes tomen control de nuestras vidas? ¿Cómo se llega de nuevo a ese lugar feliz que hace un rato reprodujo en su mente como si hubiera sido una película de Hollywood? Para ello es necesario que retome las riendas y el control de ciertos comportamientos y patrones que pueden estar causando que usted se sumerja y caiga bajo cuando está viviendo momentos buenos. Está bien, nos sucede a todos pero, por desgracia, puede conducirnos a un espiral negativo.

En el libro titulado *Los Cuatro Acuerdos: Una Guía Práctica para la Libertad Personal*, el autor Don Miguel Ruiz sugiere que para romper con los comportamientos autolimitantes, tenemos que cumplir con cuatro acuerdos que hacemos con nosotros mismos, sobre la manera en que vamos a vivir nuestras vidas. Estos cuatro acuerdos nos permitirán vivir la vida al máximo y poder ver siempre esa película de Hollywood proyectándose frente a nuestros ojos. Pero, en lugar de imaginarlo, lo estaremos experimentando todos y cada uno de los días.

Aquí están los cuatro acuerdos personales sugeridos por Ruiz y que nos ayudarán a romper con nuestros comportamientos limitantes y vivir una vida más plena:

1. **Sea impecable en su palabra** – Sólo con hablar honestamente y con integridad, en todas las situaciones de la vida, podemos orientar nuestra vida en el sentido de la verdad y el amor. Esto también implica evitar cualquier comportamiento despectivo, como chismes o rumores sobre otras personas. Hable sólo lo bueno y atraerá cosas buenas. Incluso cuando usted esté pasando por los momentos altos y buenos de la vida, siempre haga a los demás lo que querría que hicieran a usted.

2. **No tome las cosas personalmente** - Es importante no tomar como personales las cosas que otras personas hacen. Todos tienen su propia agenda en la vida, pero la mayoría de las veces nos encontramos respondiendo y reaccionando a las acciones de amigos y enemigos, y ello atrinchera nuestra vida entera. La gente tiene sus propias realidades de vida y las de las otras personas a su alrededor por lo que, es importante que no se coloque en situaciones de sufrimiento innecesario por enfocarse en las acciones de los demás.

3. **No haga suposiciones** - Sabe lo que dicen de las suposiciones, ¿verdad? Ellas nos hacen quedar en ridículo tanto a usted como a mí. Hacer suposiciones nunca es una buena idea, pues

realmente nunca sabrá cuáles son las intenciones de una persona. Cuanto más tiempo usted tome para crear conjeturas en su mente, más riesgo se corre de participar en la tristeza y el drama. No asuma nada. Este acuerdo puede transformar por completo su vida

4. **Siempre haga lo mejor que pueda** - Usted tiene que esforzarse siempre por hacer lo mejor, no importa qué. Usted tiene que apagar todo el ruido que hay en el mundo y centrarse en usted y en todo lo que usted puede hacer para mejorar su propia vida. No viva su vida en constante reacción a lo que otros dicen o hacen. Sea usted mismo y crea en usted mismo. Incluso cuando las probabilidades parezcan como si estuvieran aglomeradas en contra de usted, de todos modos, haga lo mejor que pueda; con el tiempo las cosas buenas llegarán a usted.

Sé que es difícil tratar de vivir de acuerdo a estos cuatro acuerdos todo el tiempo, pero hay que hacer un esfuerzo consciente y concertado para tratar de cambiar sus patrones, con el fin de eliminar las conductas limitantes. Imagínense cuán mejor sería nuestra vida si todos pudiéramos cumplir nuestra palabra, no tomar las cosas personalmente, no hacer suposiciones y siempre hacer lo mejor. El mundo sería un lugar mucho mejor.

Concéntrese en usted mismo y no en los demás a su alrededor. Al preocuparse sólo por su lado de la calle, dará pasos significativos hacia la erradicación de todos los pensamientos y comportamientos despectivos de su vida. Usted irá por el camino a no rendirse.

4

TALLER PARA ESTABLECER METAS

"Nuestros metas sólo se pueden alcanzar a través de un plan, en el que debemos creer fervientemente y sobre el cual debemos actuar vigorosamente. No hay otro camino hacia el éxito." - Stephen A. Brennan

"Mike , ¿debo coger esta?" Yo estaba apuntando a la última caja que quedaba en el comedor ya vacío. Era el día de mudanza de Mike y yo le daba la mano como los amigos suelen hacer.

"No, déjame coger esa a mí. Ya has hecho suficiente", dijo él.

En toda mi vida, nunca antes había visto a Mike de esta manera. Era como si en un solo año se le hubieran añadido 10 años a un hombre, y luego lo hubieras abrumado con la pena y el dolor del rechazo y el fracaso. Ahora caminaba con su cabeza bien baja, los hombros encorvados y los ojos en el suelo. Fue bien triste verlo así. "Realmente no me importa, Mike. Lo que necesites, estoy aquí para ayudar."

"Lo que necesito es un millón de dólares. ¿Tienes un millón de dólares extra por ahí que me puedas prestar?" Mike se rio ligeramente para sus adentros, pero yo sabía que en parte estaba hablando en serio.

Mike había sido golpeado por momentos difíciles en su vida. Las cosas no iban nada bien. Desde aquellos días de gloria cuando estaba en la cima del mundo y no podía equivocarse a esto, una persona casi totalmente opuesta, que no podía levantar la cabeza cuando te hablaba. Fue un cambio dramático.

¿Qué le pasó a Mike?

Mike era mi mejor amigo de la escuela secundaria. Él y yo compartíamos todo, íbamos a todas partes, hacíamos todo juntos y, por mucho tiempo, fuimos inseparables. Pasaron algunos años. Me casé y me divorcié, y Mike parecía estar por ahí todavía gozando y disfrutando de su vida. Veía constantemente fotos de él con chicas guapas, metido de lleno en la vida nocturna de la ciudad donde se encontrara en el momento.

Mike era un corredor de bienes prometedor y durante un tiempo fue considerado el chico de oro en su empresa. No hacer nada mal. Entonces un día el desastre golpeó y los mercados se derrumbaron. Todo el mundo perdió, pero Mike estaba en el margen. Había pedido dinero prestado para hacer inversiones de riesgo mediocres para sí mismo y para sus clientes, que se desinflaron completamente cuando el mercado se desplomó.

Mike se había apartado incluso de sus propias palabras y creencias sobre cómo ganar dinero invirtiendo en inversiones estables a largo plazo. Mike se había vuelto arrogante y dejó de prestar atención a los detalles, por ello lo perdió todo.

En lugar de tratar de apoyarse a sí mismo de nuevo, Mike se lanzó a la calle y se dejó llevar por una conducta adictiva. Nunca lo había visto así y, de hecho, daba miedo. Un día me habló y me detalló todas las cosas que había estado haciendo, desde el alcohol hasta las drogas y todo lo demás. Era como si se empujara más y más profundo en el agujero del conejo.

Para empeorar las cosas, Mike comenzó a pedir dinero prestado a prestamistas usureros. De hecho, yo ni siquiera pensaba que los prestamistas seguían existiendo, pero de alguna manera Mike los encontró y tomaba prestado todo lo que podía de ellos. Ellos quizás lo recordaban por sus días de alto vuelo, cuando lograba cantidades ilimitadas de dinero para sí y sus clientes, pero las cosas ahora eran diferentes.

Todo esto lo llevó a un fondo desastroso, como yo nunca antes había visto a alguien. Era doloroso verlo, porque el Mike de hacía apenas unos años atrás, era el tipo que siempre tenía un montón de metas por las que luchaba. Mike logró alcanzar la mayoría de sus metas, pero fue a costa de muchas otras cosas significativas en su vida. Aplastó todo y a todos en su camino hacia la cima y, cuando tocó fondo, no había casi nadie allí para ayudarlo a ponerse en pie.

Tuve una conversación con Mike un par de años después de que logró estar limpio y sobrio, y luego de haber reconstruido su cartera de valores otra vez. Yo quería averiguar más sobre el misterio de lo que había pasado en su vida y cómo había pasado por estos cambios tan dramáticos. Me explicó que, si bien siempre tuvo grandes metas en su vida, en realidad nunca significaron algo muy arraigado para él. Sus metas de dinero y poder realmente surgieron de su deseo de echárselo en cara a todo el que dudó de él. Esto, creo yo, fue una de las cosas que al final le afectaron.

Creo que cuando se fijan metas en la vida, tienen que ser significativas y tienen que haber razones importantes detrás de ellas. Claro, podemos ir por ahí y conseguir, lograr, alcanzar, pero sin que exista algo más allá de esos logros superficiales, el éxito será muy fugaz. Será fácil dejar ir y renunciar a algo que en realidad no significaba mucho en primer lugar. Mi amigo Mike nunca atribuyó un sentido profundo a sus objetivos.

Hablamos un rato sobre el establecimiento de metas y fue una conversación muy interesante, por decir lo menos. Le hablé de mis objetivos y él me habló de su recién descubierto y renovado sentido de las metas. Sin embargo, estos nuevos objetivos que había adoptado, aunque eran grandes, tenían sus raíces en cosas muy diferentes. Él había desarrollado unos significados y razones muy fuertes por las que quería lograr esas metas.

Me quedé impresionado. Mike era un hombre nuevo, parecía como si hubiera creado una base sólida, real y duradera para el éxito personal en su vida. Había encontrado la manera de no darse por vencido, de no rendirse. Durante la conversación que ambos discutimos lo que se necesitaba para establecer metas y cómo establecer metas a las que no renunciaremos. Aquí está la lista de los 6 pasos que se nos ocurrieron:

- Sea bien específico al establecer sus metas.

- Escriba sus metas en algún lugar, donde sea.

- Dese tiempo suficiente para alcanzar sus metas

- Descarte cualquier duda que le impida alcanzar sus metas.

- Mantenga sus metas para sí mismo.

- Elimine el estrés de la receta.

SEA BIEN ESPECÍFICO AL ESTABLECER SUS METAS

Cuando usted comienza a establecer una meta, tiene que ser bien específico acerca de sus objetivos. Usted tiene que, no sólo saber exactamente lo que quiere lograr, tiene que decir exactamente cuándo lo desea. No se limite a decir que quiere un millón de dólares, diga exactamente cuándo desea ese millón de dólares. Tómese el tiempo para tener una lluvia de ideas específicamente sobre lo que va a hacer para ganar ese millón de dólares.

Algo que también me he dado cuenta que funciona mejor para las metas es separarlas. Tome un objetivo a largo plazo y establezca una fecha, luego trabaje hacia atrás, creando objetivos a corto plazo para los períodos intermedios. Por ejemplo, si yo quisiera hacer un millón de dólares en los próximos dos años, yo tendría que averiguar lo que voy a hacer para lograr ese millón de dólares y dividirlo en intervalos más pequeños.

Ganar un millón de dólares en dos años significa $250,000 cada seis meses, o $41,667 al mes. Sí, esto es mucho dinero, pero cuando se divide ese millón de dólares en cantidades más pequeñas y hace frente a esas cantidades más pequeñas, la noción es mucho más manejable. Usted puede hacer esto como una meta diaria, semanal o mensual, sólo basándose en cuán específico desea ser.

Por ejemplo, digamos que usted desea perder peso como mi amigo Jake y usted tiene una meta de 40 libras (poco más de 18 kilogramos) en 6 meses. Bueno, para llegar a su objetivo, usted sabe que dentro de ese período de 6 meses tiene que perder aproximadamente 7 libras por mes. Si usted toma esas 7 libras y las divide en semanas, entonces la pérdida de peso semanal llega a 1.75 libras, que suena mucho más manejable que cuando se piensa en 40 libras a la vez.

Por otra parte, cuando usted aprende cosas como entender que 3,500 calorías es aproximadamente equivalente a una libra de grasa corporal (o 7,700 calorías en un kilo), y usted averigua cuántas calorías su cuerpo quema por día en comparación con lo que come, usted puede crear una hoja de ruta detallada para la cantidad específica de calorías que necesita consumir o quemar, con el fin de alcanzar su meta. ¿Esto le hace sentido? Esperemos que sí.

ESCRIBA SUS METAS EN ALGÚN LUGAR, DONDE SEA

Algo dramático ocurre cuando físicamente usted realiza la tarea de escribir sus metas. Un cambio mental ocurre dentro de usted y la meta se vuelve mucho más real. La simple solidificación que se produce en su mente es muy clara, haciendo que la meta sea mucho más tangible.

Ya sea que usted toma un pedazo de papel de una libreta para escribir sus metas, lo hace en su computadora portátil o en su teléfono móvil, es un paso importante a tomar para no renunciar a sus objetivos. El acto físico de escribir sus metas también le ayuda a ser más específico y a establecer fechas concretas, establecer cuándo debe alcanzar parte de sus metas a largo plazo y de sus metas a corto plazo.

Si usted se ha fijado metas en el pasado, sabe que con solo tener la idea o noción de la meta en su mente no es suficiente. Es necesario solidificar las metas en papel o en formato digital, con un bosquejo específico sobre cuál es la meta, cómo lo va a lograr y para qué fechas lo habrá logrado. Esto hará una gran diferencia en su capacidad de mantenerse firme y no renunciar a sus objetivos.

Coloque las metas en alguna parte donde usted pueda leerlas, hacer referencia a ellas cada día antes de ir a la cama y luego de despertarse. Esto le permitirá tener un objetivo en movimiento durante el día, semana, mes y año sobre lo que tiene que hacer para lograr sus objetivos, y le permitirá realizar ajustes sobre la marcha.

DESE TIEMPO SUFICIENTE PARA ALCANZAR SUS METAS

Es importante darse tiempo suficiente para alcanzar sus metas, sean las que sean. Si usted nunca ha hecho ejercicios en su vida, no diga que va a hacer ejercicios 5 días a la semana y a correr un maratón en un mes. Trate de construir una meta así. Comience con dos veces a la semana, por ejemplo, para las primeras 8 semanas y, a partir de ahí, pase a tres o cuatro veces a la semana. Entonces, quizás, comprométase a correr un medio maratón dentro de 6 meses y luego un maratón completo en el plazo de 1 año.

Hacer esto no sólo le ayuda a construir y fomentar su confianza, le ayuda a crear velocidad y fuerza. Cuando usted comienza a ver los resultados, naturalmente querrá aumentar su participación para ver mejores resultados. Conforme pasa el tiempo, evalúe sus metas y vea en cuáles usted está haciendo progreso y en cuáles no.

Tómese el tiempo para ajustar sus objetivos a corto plazo, si es necesario, para alcanzar sus objetivos a largo plazo. Si es necesario, ajuste sus objetivos a largo plazo también. No se sienta como que no puede cambiar sus metas una vez haya terminado de escribirlas. Permita que sean fluidas y dinámicas.

Si quiere ganar un millón de dólares en dos años, por ejemplo, ¿qué va a hacer para ganar $10,000 extra mensualmente en los próximos tres meses? ¿Cómo va a pasar de ganar poco a ganar mucho? ¿Qué medidas va a tomar? Desglóselas, pero dese tiempo para las metas grandes y sepárelas en metas más cortas, espaciadas a largo plazo. Esto le llevará a su éxito final, no importa lo que sea que se haya propuesto hacer y lograr.

Una vez empieza a ajustar sus metas y comienza el camino hacia el logro de ellas, usted tendrá una mejor idea de qué cantidad de esfuerzo sus metas tomarán. El logro de sus objetivos va a requerir una acción diaria y constante, por lo que dese tiempo para llegar allí. No sea demasiado duro consigo mismo, incluso si falla las primeras veces. Mantenga su compromiso y no se rinda, con el tiempo usted comenzará a ver resultados increíbles.

DESCARTE CUALQUIER DUDA QUE LE IMPIDA ALCANZAR SUS METAS

Este paso combina tomar los significados o razones que le ha atribuido a sus metas y combinarlos con las razones suficientemente fuertes por las que tiene que alcanzarlas. Eche fuera cualquier duda que pueda tener sobre su capacidad para lograr sus objetivos.

Cada vez que usted da paso a que creencias que le limitan residan en su mente, éstas van poniendo pequeñas barreras en su camino hacia el éxito. No permita que la vida le imponga estas barreras. Descarte cualquier duda que usted pueda tener sobre su habilidad o capacidad para lograr algo.

Los seres humanos han logrado avances increíbles en el siglo pasado. Imagínense las cosas que se pueden hacer ahora y que antes eran sólo ciencia ficción o eran consideradas mágicas. Usted puede hacer cualquier cosa que se pongas en la mente, literalmente, cualquier cosa. Y a pesar de que alcanzar sus metas puede ser difícil, el viaje es lo que nos define. Utilice el tiempo sabiamente y no se preocupe por las cosas pequeñas. Un poco de progreso cada día, al final, da lugar a grandes avances.

R.L. ADAMS

MANTENGA SUS METAS PARA SÍ MISMO

En el 2009, un hombre llamado Peter Gollwitzer realizó un estudio con 163 personas, en 4 pruebas separadas. Dividió el grupo en dos y le pidió a una mitad divulgar sus metas y a la otra mitad no divulgar sus metas; luego, les pidió pasar los próximos 45 minutos, o el tiempo que les tomara, en un cuarto trabajando en esos objetivos y que se detuvieran cuando sintieran que habían terminado.

El resultado de esta prueba fue que, la mitad que no había divulgado sus metas, pasó los 45 minutos completos trabajando en sus metas. Al final de la prueba, ellos dijeron que tenían mucho trabajo por hacer para alcanzar las metas que tenían en sus vidas.

La otra mitad, los que dieron a conocer sus metas, pasaron un promedio de 33 minutos describiendo sus objetivos antes de terminar. Al final de la prueba también se les preguntó cómo se sentían acerca de sus metas, dijeron que se sentían mucho más cerca de alcanzarlas.

Lo que sucede cuando usted divulga sus metas es que su mente confunde hablar con hacer. Cuando anuncias o divulgas, usted recibe un reconocimiento de su meta como si ya se hubiera completado. Este reconocimiento confunde su mente y la hace pensar que el objetivo ya se ha alcanzado, provocando que usted trabaje con menos empeño en esos objetivos.

Por supuesto, en algunos raros casos se ha dicho que afirmar o anunciar algo, decirlo literalmente, lo convierte en realidad, llevándole a usted un paso más cerca de obtener esos objetivos. Sin embargo, en su mayoría, esto no funciona. No divulgue sus metas al mundo, hacerlo lo pone en riesgo de darse por vencido.

Si usted necesita vocalizar sus objetivos, hágalo de una manera en la que no esté divulgando sus metas a todo el mundo, como por ejemplo, a través de las redes sociales. Por ejemplo, si usted está tratando de perder peso y su objetivo es correr un maratón, en lugar de decirlo así, dígale a una persona que usted tiene que correr un maratón, por lo que tiene que entrenar 5 veces a la semana. Que si no lo hace, le debe patear el trasero. Esto también le dará un poco de responsabilidad en su objetivo. ¿Tiene sentido?

ELIMINE EL ESTRÉS DE LA RECETA

El estrés es el asesino silencioso. Cuanto más estrés usted tiene en la vida, más probable será que usted se quiebre bajo presión. Mientras va en búsqueda de lograr sus objetivos, es importante tratar de cortar todo el estrés que sea posible. Esto no significa que usted tiene que aislarse del mundo. Sólo significa que usted necesita pasar tiempo diseñando su día para, de manera óptima, reducir los niveles de estrés.

Para eliminar el estrés de su vida, usted tiene que identificar en primer lugar los factores de estrés. Pase 10 minutos escribiendo lo que le causa estrés y haga una lista de los primeros 10 estresores. Luego, estudie la lista y deshágase de las cosas que se puedan eliminar. ¿Tiene algunas actividades o compromisos innecesarios de los que se puede desenredar fácilmente? ¿Alguna de las actividades que usted hace le puede estar causando una gran cantidad de estrés? Una vez tenga la lista frente a usted, será mucho más fácil identificar los factores de estrés.

No importa lo que haga, algunos días serán más

difíciles que otros. El estrés es parte de nuestras vidas. Sin embargo, a niveles intolerables, el estrés no debería ser parte de la receta. Si está en una situación de alto estrés, ya sea en casa o en el trabajo, considere sopesar sus opciones para la eliminar parte de ese estrés. Si se sienta y lo analiza, usted será capaz de encontrar soluciones a casi cualquier estrés.

Estos son algunos ejemplos de factores de estrés en la vida que usted puede tratar de identificar y eliminar para vivir una vida menos caótica. Algo que le ayudará a seguir sus metas y alcanzarlas, sin rendirse:

1. **Desorganización** - Esto puede estresar prácticamente a casi todo el mundo, pero se trata de un área simple de su vida a la que puede hacer frente en tan sólo unos minutos cada día. Si su casa u oficina está desorganizada, comience por la organización de las áreas en las que usted pasa más tiempo. Organice un poco en cada ocasión. Usted se sorprenderá de lo bien que se sentirá viviendo o trabajando en un entorno libre de desorden visual.

2. **Compromisos innecesarios** - Esto puede ser una enorme carga para algunas personas que realmente no saben cómo decir que no. Si usted tiene algunos compromisos en su vida que realmente son innecesarios, vea si puede trabajar en aliviar algo de esto, para que no sienta el peso de éstos presionando sobre sus hombros. Despojarse de ellos le ayudará a crear una paz mental tipo zen, y a vivir una vida con menos estrés.

3. **Multi-tarea** - A pesar de que muchos de nosotros nos enorgullecemos de nuestra capacidad de realizar varias tareas a la vez, esto puede ser perjudicial para nuestro bienestar mental y ser una de las principales causas de estrés en nuestras vidas. Si usted está tratando de hacer frente a demasiadas cosas a la vez, vea si puede reducir un poco esa carga de trabajo.

4. **Programación** - Su calendario puede estar causándole estrés innecesario. No es necesario tener que programar cada minuto de su vida. Si usted es del tipo de persona que necesita programarlo todo, trate de hacer el hábito de permitirse más períodos de tiempo sin programar, donde pueda trabajar en las tareas que son importantes para su éxito en el futuro y no sólo en las cosas que requieren su atención inmediata.

5. **Gente difícil** - La gente difícil puede ser una de las mayores causas de estrés en nuestras vidas. Aprender a evitar a las personas difíciles es una de las mejores maneras en las que usted puede ir eliminando estrés de su vida. En lugar de hacer frente a las personas difíciles y preocuparse constantemente por lo que tengan que decir o hacer, si es posible, sólo trate de evitarlos por completo. No se deje atrapar por ese comportamiento limitante de preocuparse constantemente por las acciones de otras personas. Concéntrese en usted.

6. **Ritmo de vida** - ¿Cuán rápido va su vida? ¿Está usted siempre en movimiento? Si la vida va a un ritmo muy rápido para usted, considere frenarla un poco. Tómese el tiempo para disfrutar de las cosas simples. Mastique poco a poco y saboree su comida mientras come o, salga y dé un paseo bajo el sol en un parque. La vida no se trata sólo de hacer y lograr, se trata también del camino y disfrutar del momento.

7. **Ejercicio** – Ejercitarse no sólo le puede ayudar a eliminar algo de estrés, sino que también le ayuda a evitarlo. El ejercicio no sólo es bueno para su bienestar físico, sino que también le da tiempo con usted mismo para pensar en sus metas y mentalmente priorizar los eventos del día. Escoja una hora cada día, o ciertos días cada semana, y comprométase a hacer por lo menos 30 minutos de actividad ligera. Esa pequeña cantidad de movimiento va a crear un impulso y a construirse sobre sí mismo. Usted se sorprenderá del mucho estrés que se eliminará de su vida con un poco de ejercicio.

8. **Hábitos de salud** - Su dieta es un factor enorme en los niveles de estrés que su cuerpo tenderá a experimentar en un momento dado. De seguro ha escuchado el dicho de que somos lo que comemos. Más importante aún, la cantidad de tiempo y energía que su cuerpo necesita para procesar los alimentos que usted ingiere es enorme. Cuando su cuerpo está ocupado

procesando azúcares refinadas, carbohidratos y alimentos altos en grasas, esto hace que se sienta lento y no lo suficientemente alerta para ayudar a hacer frente a las tareas del día. Por supuesto, esto también se extiende a cosas como el consumo de alcohol, el tabaco y el resto de las actividades que afectan a la salud.

9. **Listas de tareas pendientes** - ¿Es usted propenso a preparar listas de tareas? Además de establecer metas y tener una hoja con sus objetivos principales, ¿cuántas listas de tareas pendientes usted crea en la vida? Si su lista de tareas es larga, elimine las cosas que usted siente que puede eliminar cómodamente, o que pueden parecer extrañas. Si usted tiene un montón de pequeñas tareas pendientes en su lista, trate de juntarlas en una sola y simplificar la lista. Usted se sorprenderá de la cantidad de estrés que puede aliviar al tener pequeñas listas de cosas por hacer en su vida.

10. **Comunidad** - Si usted no está "metido" en su comunidad, o dando de lo suyo para ayudar a los demás, esto es algo que debe hacer inmediatamente. Dar siempre le hará sentir agradecido por lo que tiene. Adquirir el hábito de dar es una de las mejores prácticas para ayudar a poner las cosas en perspectiva y eliminar el estrés en su vida. Sea agradecido y dé de lo suyo a otros en su comunidad, usted se sorprenderá de cuán grande será el impulso emocional y mental que obtendrá de esta manera.

5

CINCO PASOS HACIA LA ACCIÓN MASIVA

"Los obstáculos son esas cosas que ves cuando apartas los ojos de tus objetivos." - Sydney Smith

"¿Cómo lo hiciste, Mike? ¿Cómo lograste salir de ese agujero?"

"Fue difícil. No, en realidad no sólo fue difícil, en el momento parecía simplemente imposible, pero de alguna manera me las arreglé para salir. Me tomó un tiempo, pero lo logré."

"Sí, pero, ¿cómo? ¿Qué hiciste?" Mike no tenía ni un centavo. No sólo estaba en una situación en la que no tenía ni un centavo, sino que también había quedado con una deuda de quinientos mil dólares. Ahora, si eso no es fuerte, no estoy seguro de qué lo es.

"Me tomé un día a la vez. Eso es todo lo que podía hacer. Un día a la vez. Hubo días en los que pensé que quería acabar con todo, pero luego pensaba en mi hijo y eso me ayudaba a pasarlo todo. No podía imaginarlo creciendo sin un padre, así que perseveré y me empujé a través del camino. Pasé meses luchando entre noches sin dormir y días de agonía. Yo no puedo explicarte lo difícil que fue, no estoy muy seguro de cómo logré hacerlo pero lo hice."

No sólo era impresionante, era casi un milagro. Mike nunca me explicó exactamente lo que hizo para liberarse de poco más de medio millón de dólares en deudas y lograr ser ahora uno de los corredores de valores más exitosos de su compañía. Pero Mike me dijo una cosa, él lo tomó "un día a la vez."

A veces usted tiene que enfrentar las cosas de la vida, un día a la vez. La acción masiva tiene que centrarse sólo en la tarea del momento. Al hacer eso y no permitirse sentirse abrumado, día a día se persevera y logra un poco más de progreso. Con el tiempo, usted romperá las barreras que le estuvieron frenando y hará progresos increíbles, logrará cosas que antes jamás imaginó que serían posibles.

Piense en un hombre o una mujer que comienza una tarea y decide que quiere aumentar su conocimiento sobre esa tarea en un 1% cada día. Piense en lo que eso haría por usted, si usted fuera capaz de aumentar su conocimiento, en 1%, cada día. ¿Qué pasaría si cada día usted lograra educarse más y más, y conocer en detalle sobre un tema, hasta que un día llega al nivel de maestría? La clave es que usted tiene que tomar acción masiva y tiene que creer en sí mismo.

Ya sabe, los seres humanos pueden lograr cualquier cosa. Lo que nos propongamos hacer, podemos hacerlo.

Sólo piense en ello por un momento, piense en lo lejos que hemos llegado y en lo mucho que hemos avanzado. ¿Sabía usted que en los últimos 100 años se han logrado más avances tecnológicos que nunca? ¿Puede imaginar lo que los próximos 100 años traerán? Las ideas son ilimitadas.

Todo lo que tenemos hoy en día, todo lo que somos, todo comenzó con una idea simple. Ese simple pensamiento evolucionó hasta que creció y se convirtió en algo tangible. Todo comenzó con el deseo ardiente de aprender algo, hacer o crear algo. Se pelearon revoluciones, se ganó la libertad, gobiernos derrocados, todo en nombre del progreso y la educación; todo sucedió al tomar acción masiva.

Si usted piensa que usted no puede lograr sus sueños y esperanzas tomando acción masiva, se equivoca. Los ejemplos están a su alrededor y todo lo que tiene que hacer es mirar. J. K. Rowling tuvo su idea para el primer libro de Harry Potter en 1990. Le tomó 7 años publicar la primera novela y en ese período de tiempo sufrió la pérdida de su madre y estaba viviendo de la seguridad social del gobierno. Hoy en día, es la autora de mayor éxito en el Reino Unido, con más de 500 millones de copias de los libros de Harry Potter vendidos en todo el mundo.

En la vida, ninguno de sus objetivos se logrará por cuenta propia. Lo que es más, ninguno de sus objetivos se logrará sin tomar acción masiva. En el pasado, si usted renunció a algo y no pudo lograrlo, entonces usted no tomó acción masiva; porque tomar acción masiva es el núcleo fundamental absoluto para no darse por vencido.

Por supuesto, ya conoce el dicho sobre Roma, que no se construyó en un día. Sus objetivos, aunque puedan parecer muy lejanos en este momento, se acercarán lentamente más y más, cada día que aplique un poco de acción dirigida a lograrlos.

Sin embargo, algunas personas simplemente no saben por dónde empezar cuando se trata de tomar acción masiva dirigida al logro de sus metas. Se sienten abrumados. Con tanto en sus platos, simplemente no saben cómo poner las cosas en marcha. Si usted es una de esas personas, y simplemente se siente atrapado en la vida incapaz de tomar medidas, aquí están algunos indicadores clave que le ayudarán a conseguir poner las cosas en marcha.

Consejos para tomar acción masiva:

1. **Identificar la meta** - Lo primero que tiene que hacer es identificar la meta con la que comenzará a trabajar y tomar acción masiva. Esta debe ser una de las metas establecidas en el taller de metas discutido en el capítulo anterior.

2. **Sesión de lluvia de ideas por 15 minutos** – Mire su meta y eche un vistazo a todas las metas a corto plazo que estableció para usted dentro de ese objetivo. Si estableció metas semanales o, incluso, diarias, empiece con esas. Lo que debe hacer es pasar 15 minutos de su tiempo haciendo una sesión de lluvia de ideas y pensar en todo lo que puede hacer en este momento para lograr esas metas. No importa lo pequeño que sea, usted debe ser capaz de hacerlo ahora mismo.

3. **Identifíquese con la regla 80/20** - La regla 80/20 se debe a algo que se conoce como el Principio de Pareto (o la ley de los pocos vitales),

que establece que el 80 % de los efectos provienen del 20 % de las causas. Es necesario identificar el 20 % de las causas o acciones y hacerle frente inmediatamente. Por ejemplo, si uno de sus objetivos es ser dueño de su propio negocio, comience entrando a su portal de negocios locales en Internet para comenzar a hacer una búsqueda por nombre de empresas, para ver qué nombres están disponibles. Comenzar eligiendo un nombre puede llevar a registrar un negocio y más allá.

4. **Utilice el método de cronómetro de 5 minutos** - Este es un excelente método para romper el patrón de incapacidad para actuar. Tome un cronómetro (usted puede utilizar su teléfono celular o un reloj con cronómetro) y prográmelo para 5 minutos. Tome la tarea que usted ya ha identificado que tiene que hacer y comience a hacerla, tomando el tiempo durante 5 minutos. Por ejemplo, si uno de sus objetivos es organizarse, empiece por la limpieza de su habitación. Ponga a funcionar el cronómetro y comience. No lo piense, sólo hágalo. Se dará cuenta de que, la mayoría de las veces, va a terminar usando mucho más de 5 minutos en eso. La acción le llevará a más acción, y tiene que actuar ya.

Enjuague y repita - Al repetir los primeros cuatro pasos una y otra vez, con el simple uso de romper las cosas en partes más pequeñas, usted será capaz de afrontar con éxito casi cualquier tarea. Lo que es más, tan pronto como usted empiece a coger impulso, se dará cuenta de que irá tomando aún más acción y produciendo aún más resultados. El éxito engendra éxito, pero todo comienza con la acción. Pasos sencillos hoy, darán lugar a grandes resultados mañana.

6

CUATRO INGREDIENTES MÁGICOS PARA ALCANZAR SUS METAS

"Nada puede detener al hombre con la actitud mental correcta de alcanzar su meta; nada en la tierra puede ayudar al hombre con la actitud mental equivocada." - *Thomas Jefferson*

Observé mi muro del éxito, como me gusta llamarle, y me sentí orgulloso. Delante de mí colgaban fotos de los lugares a los que quería ir, la gente que quería conocer y las cosas que quería hacer. Había fotos de hermosas puestas de sol, autos rápidos, tierras exóticas lejanas y familias riendo en la playa. Era lo que quería en la vida. Era mi muro del éxito.

Yo tenía 22 años en ese entonces, viviendo y trabajando desde mi casa, dirigiendo una firma independiente de diseño y gráfica. Estaba entusiasmado con la vida, lo recuerdo vívidamente. Ese muro significaba mucho para mí. Me esmeraba cortando las fotos y fijándolas cuidadosamente en los lugares adecuados en la pared, para que mis ojos viajaran en una dirección que contara una historia.

¿Sabe usted al tipo de pared a la que me refiero?

Si usted no sabe lo que es un muro o pared del éxito, es una pared llena de conectores emocionales positivos hacia las metas de su vida. Una vez que haya establecido sus metas y que haya comenzado a trabajar con sus comportamientos limitantes, usted necesita un recordatorio visual constante y diario de sus metas, más allá de revisar su lista de metas a diario.

Hay algo en eso de mirar una pared llena de imágenes que representan sus esperanzas y sus sueños, hay algo muy poderoso en ello. Mi muro se encontraba en la oficina en mi casa, en una habitación de huéspedes para ese momento, y era un gran panel de corcho que llevaba todas las fotos y palabras que representaban mis metas. Aparte de recortar fotos de revistas, imprimí desde la computadora letras de texto grandes que decían y representaban la meta. Había diferentes secciones dedicadas a los diferentes objetivos de mi vida y todo formaba una gran imagen feliz justo frente a mis ojos.

Cuando usted mira una pared como esa, algo le sucede internamente, aunque no se da cuenta que está sucediendo. Es un recuerdo constante de lo que está haciendo y por qué lo está haciendo. Es la oportunidad perfecta para mostrarlo al ojo de su mente y que lea constantemente sus esperanzas y sueños. Hay algo en las fotos que trasciende las meras palabras que representan su meta. Son poderosas e impactantes.

En la vida, a veces necesitamos toda la ayuda posible

para en todo momento buscar y hacer realidad nuestras metas y no darnos por vencido. Un muro del éxito es la representación visual de sus sueños, que se derivan de los conectores emocionales positivos que coloque en ellos. En la vida, todos necesitamos un poco de esperanza e inspiración diaria. Cualquier cosa que le motive a tener éxito y le haga ser la persona que quiere ser, debería estar representada visualmente como un recordatorio constante.

No darse por vencido requiere trabajar duro, pero hay algunos ingredientes para el establecimiento de metas y su logro que, si se aplican, pueden ayudar a hacer realidad sus sueños y esperanzas mucho antes. Aquí está una lista de lo que yo llamo los cuatro ingredientes mágicos que necesita para alcanzar sus propias metas personales y no rendirse.

1. **Conectores Emocionales Positivos** - Para conocer cuáles son sus conectores emocionales positivos, repase su lista de objetivos y eche un vistazo para ver qué resultado emocional directo recibirá por el logro de su objetivo. Si usted tiene una meta que le hará feliz o una que le hará sentirse en paz, anótelo en la lista. Escoja una o dos palabras que simbolicen a este conector emocional e imprímalas en letras grandes para su propio muro del éxito. Descubrir estos conectores emocionales es importante para el siguiente paso de búsqueda de representaciones visuales.

2. **Representaciones visuales** - Esto no es sólo recortar fotos de autos rápidos y casas grandes, va más allá de eso. Desde la primera etapa de identificación de conectores emocionales positivos para el logro de sus metas, encuentre fotos que

simbolicen estos conectores emocionales. Si usted
no tiene revistas por ahí, utilice un sitio web como
Pintrest.com para buscar fotos e imprimirlas. Es
muy importante tener esto en su muro del éxito,
en un lugar que usted pueda verlo todos los días.
Si usted tiene una oficina en casa y trabaja desde
casa, ponga su muro del éxito en una pared que
pueda ver cada vez que quite la vista de la pantalla
de la computadora. Si usted trabaja en una oficina,
colóquelo allí si se puede, o encuentre algún otro
lugar en su casa. Dondequiera que lo coloque,
simplemente decida hacerlo y hágalo ya.

3. **Rendición de cuentas real** – Elija a una persona
muy cercana a usted y dígale acerca de su objetivo.
No lo divulgue a nadie más. Haga que esa persona
le haga responsable de seguir adelante con su
meta. Esto le ayudará a no darse por vencido, al
rendir cuentas a alguien que esté cerca de usted.
Puede decirle a su cónyuge, su pareja o a un amigo
cercano. Sólo tiene que encontrar a una persona
para hablarle y asegurarse de que le pida rendir
cuentas.

4. **Paciencia sincera** – Alcanzar sus metas requiere
de paciencia, este es el último ingrediente de la
receta del éxito. No se puede forzar a que pase
algo antes de que sea su tiempo destinado, sin
embargo, si se toman medidas consistentes en la
consecución de ese objetivo, con el tiempo usted
tendrá éxito. Rendirse o tirar la toalla antes de que
esto ocurra no es una opción. Nunca se rinda.
Nunca se dé por vencido. Simplemente tenga un
poco de paciencia.

7
REFLEJÁNDOSE EN EL ÉXITO

"La vida es un espejo y reflejará al pensador lo que piensa en ella." -
Ernest Holmes

Es fácil hablar sobre el deseo de tener éxito en algo y no
darse por vencido, pero es mucho más difícil hacerlo. La
gente se aburre de trabajar en la misma ardua tarea día tras
día. Sólo quieren pasar un buen rato, ver a sus amigos,
comer la comida que les gusta y no preocuparse por las
tensiones diarias que provoca el tratar de alcanzar logros

constantemente. Por supuesto, en secreto, estas mismas personas también desean el éxito en sus vidas, pero no quieren tener que trabajar para ello.

Esto es típico de nuestra sociedad. Lo queremos todo, pero no queremos que trabajar para ello. Yo sé, yo he estado allí. Sé cómo se siente. Hubo un tiempo en mi vida en el que dejé que la vida me controlara y no tomé el control de mi vida. Entré en ese período después de un pasar tiempo haciendo esfuerzos constantes para lograr cosas, pero me agoté.

En ocasiones, todos nos agotamos en la vida. Es difícil seguir empujando y empujando en contra de lo que parece ser una pared de ladrillos que no se mueve. Lo peor es que los reveses de la vida pueden destrozar por completo la voluntad de una persona para tener éxito, obligándola a tirar la toalla y rendirse. Sin embargo, la mejor manera de encontrar realmente el éxito es, reflejándolo.

Cuando usted se refleja en el éxito, usted ve a los que vinieron antes de usted y ve a los que lucharon por un largo y difícil camino para lograr objetivos, aparentemente insuperables, frente a tantos obstáculos. Hay tantos relatos en nuestra historia sobre personas famosas que han alcanzado sus metas, que el Internet está literalmente plagado de ellos.

A todo el mundo le gusta escuchar la historia de alguien que supera los obstáculos para alcanzar sus sueños. Jim Carrey, quien es ahora bien conocido en todo el mundo, abandonó la escuela a la temprana edad de 16 años. En Canadá, Carrey y su familia vivían en una casa rodante, y él trabajaba durante 8 horas al día en una fábrica de neumáticos sólo para tratar de ayudar a cubrir los gastos del mes.

Jim Carrey se trasladó a Los Ángeles y comenzó a

seguir a Rodney Dangerfield, un famoso comediante, con la esperanza de convertirse él mismo en alguien grande. Carrey es notoriamente conocido por haberse escrito a sí mismo un cheque por 10 millones de dólares antes de que se hiciera famoso. Escribió el cheque con fecha del Día de Acción de Gracias de 1995 y lo llevaba con él dondequiera que iba. Con el tiempo, el cheque comenzó a deteriorarse en su bolsillo, pero luego, justo antes de Acción de Gracias de 1995, se enteró de que le darían el papel en la película *Dumb & Dumber*, por la que ganaría 10 millones de dólares.

Jim Carrey puso el cheque por 10 millones de dólares en el ataúd de su padre cuando éste fue sepultado, porque era un sueño que tenían juntos. Esto le demuestra lo que se puede lograr cuando uno no se da por vencido. Durante años, mientras luchaba siendo comediante, Jim no sabía cómo iba a tener éxito, sólo sabía que iba a tenerlo. Para él no era que "debía", era que "tenía".

El simple acto de Jim Carrey de escribir el cheque fue un poderoso compromiso en silencio consigo mismo. Escribir el cheque creó un cambio interno y provocó toda una serie de acciones dirigidas al logro de su meta. Fue una poderosa práctica en el arte de la Ley de la Atracción, pero el simple hecho de escribirlo lo hizo más real y tangible para él. Él llevó el cheque con él dondequiera que iba como un recordatorio constante del compromiso que se hizo a sí mismo y a su padre, que iba a tener éxito en la industria tan competitiva del entretenimiento.

Antes de que Mark Wahlberg se convirtiera en el actor y director tan conocido que es hoy, él también abandonó la escuela secundaria, pero a la edad de 14 años. Sin embargo, en lugar de perseguir sus sueños inicialmente, recurrió a robar y vender drogas, finalmente fue a tener a la cárcel por 50 días. Fue durante esos 50 días, dice Wahlberg, que experimentó un cambio emocional. Su hermano, quien en esos días había conseguido un contrato de grabación, le ayudó a entrar en el negocio de la música y así se convirtió en "Marky Mark" un rapero exitoso que se valió de ese éxito para convertirse en actor.

Hay muchas historias de éxito alrededor de nosotros y, simplemente abriendo nuestros ojos, podemos ver las pruebas y tribulaciones que mucha gente tuvo que soportar para llegar al lugar donde están hoy. El problema es que la mayoría de las personas sólo llega a ver el resultado final de todo el trabajo duro. No ven todo el trabajo que hubo antes de tener resultado.

Cuando ves a alguien famoso sólo piensas en lo afortunado que es y en cómo él o ella tuvieron una gran oportunidad en la vida. Lo que no se ve son los años de sangre, sudor y lágrimas, o años de no recibir pago por hacer algo que les encantaba, hasta que finalmente hicieron enormes avances que los llevaron a donde están hoy.

Cuando observas a las personas que tienen éxito y son famosas, es fácil detectar algunas características que se destacan, las que les ayudaron a perseverar y no darse por vencido. Al igual que Jim Carrey y Mark Wahlberg, un sinnúmero de otras celebridades tienen historias similares de cómo salieron adelante, incluso cuando los tiempos eran muy difíciles, para finalmente conseguir su gran oportunidad. Sin embargo, más allá de las celebridades, hay millones y millones de personas promedio que logran sus objetivos, así, de una manera similar.

Pregunte a casi todo el mundo que usted sepa que ha tenido éxito y ellos le dirán que, justo antes de que estuvieran a punto de darse por vencidos, justo cuando pensaban que no podían empujar más, finalmente sucedió – se abrieron camino.

Reflejarse en el éxito de los demás puede trabajar para ayudarle a darse cuenta de su propio potencial. Aunque lo haya escuchado antes le digo, las posibilidades de lo que usted puede hacer con su vida son realmente ilimitadas. No existe absolutamente ninguna otra barrera que le impida vivir la vida de sus sueños que no sean las que usted mismo crea.

8

CÓMO NO RENDIRSE

"No creo que haya ninguna otra cualidad tan esencial para el éxito de cualquier tipo, como la cualidad de la perseverancia. Supera casi todo, incluso a la naturaleza." - John D. Rockefeller

Si al principio no tiene éxito, inténtelo y vuelva a intentarlo.

Todos hemos oído esto antes en nuestras vidas, probablemente muchas más veces de las que podamos recordar. Sin embargo, ¿qué tan cierta es esta afirmación? Usted tiene que darse cuenta de que muchas personas en la vida han fracasado, de hecho, pregunte a algún atleta profesional que tenga éxito en su deporte, sobre alguna estadística relacionada con su juego, y le van a señalar rápidamente cuántas veces fracasaron haciendo lo mismo.

Considerado como uno de los mejores jugadores de

baloncesto que jamás haya existido en las canchas, Michael Jordan es uno de esos atletas profesionales que se siente así. En una ocasión él dijo, y cito: "He fallado más de 9,000 tiros en mi carrera. He perdido casi 300 juegos. En 26 ocasiones me han confiado echar el tiro de la victoria y he fallado. He fallado una y otra vez y otra vez y otra vez en la vida. Y es por eso que tengo éxito."

En la vida, si no lo intenta, no fallará. Pero el éxito realmente sólo puede llegar a aquellos que fallan. Piense en todo y todos los que en la vida han alcanzado alguna gran cantidad de éxito. Muchos de ellos han fracasado y caído de bruces más veces que, incluso, las que les gustaría admitir. Está bien fracasar. Yo he fracasado muchas veces, al igual que la siguiente persona. Sin embargo, el fracaso no es lo importante, se trata de lo que usted hace después de fracasar, eso es lo importante.

Cuando Thomas Edison inventaba la bombilla, había fracasado más de 9,000 veces, según lo dicho a un joven reportero famoso que lo entrevistó antes de tener éxito con su invento. Aquel joven reportero le preguntó el señor Edison qué se sentía al haber fracasado tantas veces en su intento por inventar la bombilla, le preguntó por qué no había renunciado a su afán. El señor Edison respondió: "Joven, ¿por qué me voy a sentir como un fracasado? Y, ¿Por qué me voy a rendir? Ahora definitivamente conozco más de 9,000 formas en las que una bombilla eléctrica no va a funcionar. El éxito está casi a mi alcance."

Al final Edison tuvo éxito en inventar la bombilla, pero le tomó más de 10,000 intentos hacerlo bien. ¿Podría usted imaginarse fallando más de 10,000 veces antes de tener éxito? ¿Cuántas personas usted cree que se hubieran rendido en su intento de lograr un determinado objetivo? La mayoría de la gente se retiraría después de sólo un puñado de intentos. Este rasgo de tenacidad y perseverancia se puede ver claramente cuando se trata de personas de éxito que han fracasado muchas veces antes de haberlo logrado.

A algunas personas les aterroriza el simple miedo al fracaso. Sí, usted puede tener miedo al fracaso, pero no hasta llegar al punto de que esto ahogue sus acciones. Usted debe fracasar para tener éxito, de hecho, debe fallar muchas veces. El fracaso es una señal de que el éxito se está acercando. Sin embargo, para algunos, encontrar la tenacidad para levantarse e intentarlo de nuevo cuando ya han fracasado en múltiples ocasiones ha probado ser la mayor dificultad.

Cuando nos fijamos en lo que otros han sufrido y luchado hasta llegar a donde están, llegamos a la conclusión de que nada en la vida será fácil sin un fracaso. Siempre hubo algo de trabajo duro hecho por alguna persona, en alguna parte, con el fin de alcanzar el éxito. Tuvieron que fracasar primero antes de llegar al éxito, pero nunca se dieron por vencidos.

En la vida no se puede renunciar. Usted tiene que hacer un esfuerzo y seguir adelante. Al establecer metas, erradicar conductas limitantes, tomar acción masiva y modificar su enfoque a medida que avanza, usted también puede lograr el éxito y no encontrarse renunciando. Pero, a lo largo del camino, se encontrará con algunos fracasos y eso es natural.

No tenga miedo de seguir adelante y no tenga miedo de seguir persiguiendo algo, incluso si siente que es algo que está completamente fuera de su alcance hoy día. Siga esforzándose, luchando y empujando sus límites hasta que tenga éxito. Nunca se rinda, porque cuando finalmente llegue a esa meta, será una de las victorias más dulces que jamás haya probado.

Siempre mantenga a sus esperanzas y sus sueños, y no

permita a nadie los aleje de usted. Puede hacer cualquier cosa que su corazón desee. Usted puede lograr cualquier cosa en la que ponga su mente. Sé que puede. *Usted sabe que puede.*

OTROS LIBROS DE ESTE AUTOR

Esta es mi primera incursión en un libro menos técnico que los que normalmente escribo, así es que espero que haya disfrutado de mi receta en el tema de no darse por vencido. También espero que este libro le ofrezca algo de esperanza e inspiración para llevar a cabo sus sueños.

Si le ha gustado el libro, agradecería muchísimo si pudiera tomar un momento y compartir sus pensamientos mediante la publicación de un comentario en Amazon. Si este libro le inspiró en cualquier manera o forma, me encantaría saber de ello en alguna reseña que escriba sobre el libro. Usted puede encontrar a través de este enlace la página del libro en Amazon - http://www.amazon.com/dp/B00F8LJZI4

Pongo mucho cuidado y atención en los libros que escribo y espero que este cuidado y sinceridad se vean a través de mis escritos, porque al final, escribo para aportar valor a la vida de otras personas. Espero que este libro haya traído algo de valor a su vida. De verdad espero que así haya sido.

Este es el quinto libro de la *Serie de Libros Inspiradores* sobre desarrollo personal que he publicado. Usted puede ver los otros libros de la serie que están disponibles en la lista siguiente:

- *Progrese* - *Viva una Vida Inspirada; Supere sus Obstáculos y Logre sus Sueños.*

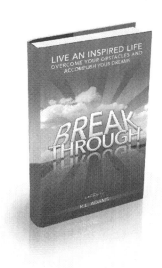

- *Tenga un Poco de Esperanza* - *Guía de Inspiración para Descubrir lo que es la Esperanza y Cómo Tener Más de ella en su Vida.*

- *Cómo No Rendirse* - *Guía de Motivación e Inspiración de Establecer Metas y Alcanzar sus Sueños.*

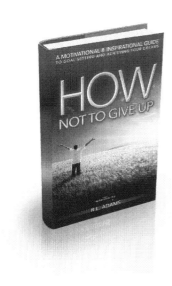

- *Cómo ser Feliz - Guía de Inspiración para Descubrir lo que es la Felicidad y Cómo tener Más de ella en su Vida.*

- *Mueva Montañas - Cómo Lograr Cualquier Cosa en su Vida con el Poder del Pensamiento Positivo.*

- *El Mercader de Seda* – *Palabras de Sabiduría Antiguas para Ayudarle a Vivir una Vida Mejor Hoy.*

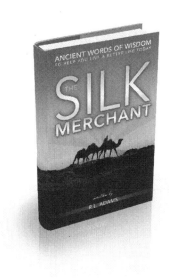

- *El Método Millonario - Cómo salir de Deudas y Ganar la Libertad Financiera al Entender la Psicología de la Mente Millonaria.*

Le deseo todo lo mejor en su camino hacia el logro de todas sus esperanzas y sueños y en su camino para seguir adelante, aun cuando las cosas se pongan difíciles. Recuerde que debe permanecer fiel a sí mismo y nunca darse por vencido en la búsqueda de sus metas.

Gracias y todo lo mejor,

R. L. Adams

15750910R10050

Made in the USA
Middletown, DE
19 November 2014Made in the USA
Middletown, DE
19 November 2014